RÁFAGAS 2025

Primera edición,
marzo 2026

© Isabel Dulce Pacheco

Obra coordinada por
Opera Prima
C / Espejo, 10
28013, Madrid
Tels. 91 559 29 49 / 696 57 01 31
operaprima@operaprima.es
www.operaprima.es

Maqueta: Sandra Fernández Rodríguez

ISBN: 978-84-10244-97-9
Depósito legal: M-8430-2026

Impreso en España

Isabel D. Pacheco

RÁFAGAS 2025

Opera Prima

ÍNDICE

Cambios

Mi transformación es interior y se produce cuando «no hay mal que x bien no venga».

Mi transformación ha cambiado mis perspectivas en un giro de 180° y no pienso en un cambio, soy el mismo cambio.

Mi transformación piensa en lo «vano de la existencia» y en vez de entristecerse, se regocija porque ve su solución, su meta y su rumbo. Y no solo le ve, sino que la siente.

Mi transformación no cree en los paradigmas, sino que es el propio paradigma y el definitivo.

Mi transformación mental hace caso omiso a las normas aprendidas desde siempre y que están equivocadas absolutamente.

Mi transformación está de acuerdo con la «ola del progreso» y piensa que es imparable e inevitable, por su evidencia.

Mi transformación está en los desfavorecidos, que lo pasan mal, y ahora por su «despertar» o transformación, u otra similar.

Mi transformación está en la PAZ y el AMOR.

El amor primaveral

Mi amor «adolescente» murió
en una mañana de sol primaveral.

Fue un sueño, una quimera
que se fue sin dejar huella
limpiamente, suavemente...

Solo dejó una noche de amor
para recordar, como una ola, sin repetición.

Y yo, tonta de mí, creía que
los sueños volvían, pero de etéreos se
truncan en el aire sutil, y desaparecen.

Tuve que llegar a su muerte
una mañana de sol primaveral
que cual piñata se rompió, sin remisión.

Paz y Amor

Mi barco no tiene rumbo
va a la deriva.
Mi corcel es un potro salvaje
salta sin jinete, desbocado.
El orden es el principio
y estoy al final
sin orden, sin amo
y sin amor.

No se puede volver atrás
solo vagabundeo sin rumbo
y sin amo, aunque con Dios
que me ayuda a pasar
y a comprender lo incomprensible
porque... añoro tanto...
la Paz y el Amor
que antes tuve...

Gente maravillosa

Aquella gente que nos topamos por la calle, que nos cruzamos las miradas, limpias y sinceras, miradas de conexión y de entendimiento. Gentes cercanas y a veces canalla, pero siempre de complicidad y alevosía.

Hoy ni siquiera existe, está escrito en nuestro móvil, en nuestro ordenador, sin fisuras, sin aspavientos, sin locuras, solo la conformidad con lo aprendido en horas y horas de incertidumbre que es nuestro único y mayor aprendizaje, lo prohibido.

Soñemos

El otro día soñé
que Dios no existía
soñé que la vida no era tal
que la oscuridad
lo inundaba todo
que nuestros ojos
no servían para nada.

El otro día soñé
que vagábamos x el infinito
sin saber que era eso.

El otro día soñé
que nuestros escasos recuerdos
solo servían para entorpecer
nuestro devenir pasado
y nuestra demencia actual.

Cuando supe que se moriría pronto

Me acerqué desnuda dándole calor y amor, y el me protestó, ya no había dudas.

Yo le di mi cuerpo y le recordé nuestro matrimonio para que estuviera tranquilo y en paz, lo que yo pretendía era confortarle y no otra cosa.

Al cabo murió, no en mis brazos como hubiera deseado, sino como una muerte provocada. ¡Que Dios lo tenga en su gloria!, pues Darío lo merecía y no merecía esa muerte provocada x quien me dijo que lo tenía en el «punto de mira».

Luz para Él (Darío).

Así es

Cuando le dije a alguien «soy la bomba», tengo que creerlo.

Solo así me doy valor y fortaleza a este espíritu mío atribulado y maltrecho.

No me importan las envidias, las puyas y acechanzas porque en mi mundo son inevitables.

Iba de buena y de tonta en plan hipócrita para no recibir, pero recibía más y decidí que hay que plantarse cual árbol zarandeado por el viento y ser robusto.

Y ser una bomba.

Soñemos más

El otro día soñé
que el Bien y el Mal
no existían
solo el adiós
a nuestra mente contaminada,
a nuestro silencio,
a nuestra locura colectiva.
¿Es un descuelgue
de nuestra mente?
O es una iluminación
sin remisión.
Sonrío, cuando me ilumina
esta idea y siento que
sería bonito estar todos
locos/as, o iluminados
consentido.
Porque los sueños
vida son.

No me dejes

Alma enamorada,
que de guapa y amada
pasarás al destierro
de los sin techo.

Porque la locura hace
hermosos a los desfavorecidos
y no solo a los ancianos.

A los jóvenes no les hace falta,
son y serán procreadores
hasta que acaben su función
y les obliguen al abandono
y a la triste hipocresía.

No me dejes, alma enamorada,
nunca me dejes.

Insomnio

DÁMASO ALONSO

Madrid es una
ciudad de más de un millón de
cadáveres (según últimas estadísticas).

A veces yo en la noche me revuelvo y me incorporo en (este ni-
cho en el que hace 45 años que me pudro,

y paso largas horas oyendo gemir al huracán, o ladrar los perros,
o fluir blandamente la luz de la luna.

Y paso largas horas gimiendo como el huracán, ladrando como
un perro enfurecido, fluyendo como la leche de la ubre caliente de
una gran vaca amarilla.

Y paso largas horas preguntándole a Dios, preguntándole por
qué se pudre lentamente mi alma, por qué se pudren más de un mi-
llón de cadáveres en esta ciudad de Madrid,

por qué mil millones de cadáveres se pudren lentamente en el
mundo.

Dime, ¿qué huerto quieres abonar con nuestra podredumbre?

¿Temes que se te sequen los grandes rosales del día, las tristes
azucenas letales[1] de tus noches?

---

1. Letal: mortífero, capaz de ocasionar la muerte.
Elijo este poema porque yo también padezco este mal (provocado).

Cambios

¿Qué quién me ha inducido
a hacer cambios en mi alimentación?

Respondo que la documentación
y el sentido común.

Esto, me dice que hay que conservar
el medio ambiente como podamos,
y yo, contribuyo
a la sostenibilidad del planeta
con mi granito de arena.

Y estoy muy contenta
porque así estoy mejor alimentada
con mi dieta vegana,
y dentro de lo que cabe,
contribuyo a no matar animales.

Recordándo-te

Yo encontré en ti
mi salvador
ante tanto desatino
y me liberé
con mi voluntad
y con mi alevosía.

Tu ideario era lo que quería:
libertad, ante todo
y para todos.

Siempre te escucharé
aunque suenen otras campanas.

Ahora aprendo sola
lo que no aprendí contigo
ni con los desconocidos.

Nada más

Porque, a pesar de todas
mis tribulaciones, te quiero.

Como un niño ama a su madre,
como un jilguero a su árbol,
como un amante a su amada, así te quiero yo.

Y no claudicaré, sacaré fuerzas y
romperé moldes, pero no claudicaré.

Pero te necesito.
Dame esa fortaleza. Dame tu amor.
Dame tu Ley. Dame compañía,
y pide que me amen.

Porque yo soy suave y fuerte.
Yo soy desgraciada y feliz.
Yo soy odiada y amada.
Yo, al final, Amo, te Amo
porque sí.

Objeto de deseo

Vivo en un lugar mágico
donde mi humilde persona
es objeto a tratar.

Si consultamos una videoteca
vemos películas antiguas
aunque nada como esta
locura mágica en donde estoy.

¿Por qué? Lo de siempre,
y por lo que estoy aquí.

Con humor, me divierto
viendo los nuevos lances
sacados de pelis «En la
Residencia», etc.
Donde los más cutres trucos
nos dicen lo locos/as
que están estos
«terroríficos simplicísimos».

Habemus papam

¡Aleluya, Dios nos ayuda!,
y Francisco también.
Para el mundo entero,
León, no nos defraudes.
Esperamos de ti
la Paz sobre todo,
la concordia entre todos,
lo que el papa Francisco
empezó con amor
y tú, que tomas su virtud,
debes continuar
con AMOR.
¡Ánimo, León XIV,
ánimo, León!

Dios está con nosotros

Aleluya.
Te necesitamos.
Te rogamos para todos y todas:

- Por una vida más
compasiva y digna.
- Por una vida más
alegre en tu gloria.
- Por una vida más
placentera en tu amor.
- Por una vida más
digna en tu amor para todos/as.
- Por una vida más
pacífica para todo el planeta Tierra.
- Por una vida más
amorosa contigo y con los demás.
- Por una vida más
armoniosa entre todos/as.

Así somos

A mí no se me ha olvidado nada,
me han hecho y me hacen todavía
muchísimo daño,
y que creo no merecer.

Tampoco merezco los episodios
posteriores como respuesta a que
haya tenido mala suerte, y todos
y todas ahondan en la llaga.

Así es la condición humana,
triunfas y todos/as contigo.
Fracasas y todo se desmorona.

Así somos.
Así es.

Deseos

Vamos a gritar.
Vamos a cantar.
PAZ, PAZ, PAZ,
y si hay amor
también la habrá,
porque no se concibe
la paz sin amor
o viceversa.
Gracias Yola por la realidad
de tu legado «PAZ y AMOR».
¿Qué tenemos que hacer
para conseguir disfrutar de él
en la vida y en la muerte?

ORAR y AMAR.

Y volver...

La mala suerte cayó,
como por ensalmo
y volviste como por ensalmo
a mí.

¡Qué maldita suerte
nos tendió la trampa
inexplicable hoy,
que como piñata
rompió en dos nuestro amor!

No divaguemos más
todo sucedió como quiso
Dios.

Ahora sigo aceptando
su voluntad y no se
hable más.

Gracias.

Imposible

Imposible, algo más.
Imposible, sin más.
Imposible lo reconozco.
Imposible, estoy ya.

Cuando me ofreciste tu mano
yo accedí sin pensar,
sin saber lo evidente.
El despiste era mayúsculo,
pero a tiempo lo subsané.

Hoy te ofrezco mi amistad,
y quizá un amor incondicional.
Acéptalo así porque aquí
lo imposible no es posible.

Acéptalo así.

Sinceridad

Sinceridad para la convivencia pacífica, para el amor, para la paz, si no se dan estos, raramente habrá sinceridad ni paz. Nos engañaremos, nos manipularemos, nos destrozaremos porque no hay paz ni amor, y actuamos con lo que tenemos: guerras y confrontaciones, de partidos, de personas, de género, de razas, de clases, de ideologías... y que generan también odios, envidias entre particulares, entre amigos, entre familiares, generando desigualdades, locuras, humillaciones, exaltaciones, es decir, KAOS.

> ¡No más guerras,
> por una convivencia
> pacífica!

Día 15 jueves mayo 2025

Papa 2025
León XIV: «Nunca más la guerra» +
León XIV: «Nunca más la guerra» +
León XIV: «Nunca más la guerra» +
León XIV: «Nunca más la guerra» +
León XIV: «Nunca más la guerra» +
León XIV: «Nunca más la guerra» +
León XIV: «Nunca más la guerra» +
León XIV: «Nunca más la guerra» +
León XIV: «Nunca más la guerra» +
León XIV: «Nunca más la guerra» +
León XIV: «Nunca más la guerra» +
León XIV: «Nunca más la guerra» +
León XIV: «Nunca más la guerra» +
León XIV: «Nunca más la guerra» +
León XIV: «Nunca más la guerra» +

ERES TÚ, DARÍO

El sexo es crucial
pero no determinante
por eso salgo indemne
de tantas tentaciones
en las que nos tientan
los del «instinto básico».
Yo no me vendo; yo soy
mujer de un solo «súper
hombre» y que me sienta
«súper amada» porque
eso es lo que quiero:
libertad, respeto y
plenitud.

     Nada más.
     Ni nada menos.
        GRACIAS,
        Darío.

Pasión pura (en mi soledad después de...)

Analizo su esencia,
me vuelvo loca con mi deseo,
de alcanzar el orgasmo infinito.
Me mira, con su mirada de
posesión pura.
Bailo en un orgasmo
de fierecilla indomable
en la que la nada y el ser
se unen en un estrecho
abrazo interminable.
Ya no más vida oscura,
ya no más vulnerabilidad,
ya no más cielo encapotado,
ya no marea negra
ni memoria absoluta.
        Ya no nada
        y yo... me río.

Determinación

He llegado a una determinación: a la mierda los y las defensoras de un/una *partenaire* para que te ampare en esta vida.

> NO LO/LA NECESITO,
> SOY AUTÓNOMA.

Ya sé que lo he pasado mal, pero he vencido y acabaré con las secuelas del atropello último (2022-2025).

HE APRENDIDO MÁS, A VIVIR, sin necesidad de un «partenaire» y si me quieren agredir otra vez que se esperen, que voy.

> SOY FUERTE Y CAPAZ
> Y NO TENGO NINGÚN MIEDO.
> *I. AM.*

¿Cuánto?

Con tu amor y mi vida
hago yo maravillas
solo con eso.
Cuánto amor necesito,
cuánta vida.
Me consta que no es fácil
ni agradable.
Se necesita mucha voluntad,
mucho tesón, mucha dedicación
pero al final se encuentra
la maravilla.
Y se alegra mi vida
y mi corazó.
Y no se recuerdan
los traumáticos y desagradables
actos y momentos pasados.

¿Quién soy?

¿Soy ángel o demonio?
Ni lo uno ni lo otro
soy la que soy,
una señorita tranquila
y sencilla
con ansias de felicidad
(y de que le den un beso alguna vez).
No tengo ansias
de notoriedad
pero que no pisoteen
mis derechos fundamentales
porque puedo ser
una fiera en celo.
Así me identifico yo.

¿Qué necesito?

Necesito amor.
Necesito paz.
Necesito alimento físico.
Necesito alimento espiritual.
Necesito gustarme.
Necesito alimento cultural.
Necesito verdad y el Bien.
Necesito comprensión de los otros/as.
Necesito compasión y desapego.
Necesito satisfacción total.
Necesito agradar física y psícológicamente.
Necesito autonomía y libertad.
Necesito razón y sin razón.
Necesito cordura y locura (un poco).
Necesito salud y bienestar físico.
Necesito dignidad y empatía.
Necesito alegría y compañía.
Necesito más fortaleza.
Todas estas necesidades las quiero también para todos y todas las personas y demás seres vivos.
Necesito lo anterior para vivir en este valle de lágrimas,
pero no puedo ni debo estar todo el día luchando en este valle.
Necesito estar con Dios y con seres afines a mí, y aquí no los hay.
Necesito cantar a Dios y ser como los seres de luz.

Oro et laboro, eso necesito, por ello pido a quienes corresponda que me den cobijo en ese otro valle de alegría para tener algo de afinidad con lo que me he convertido y que no se corresponde con este mundo material.

Pido cobijo en otro mundo de luz, en este no me acomodo. Por favor.

S.O.S.

La lucha x la vida

Cuando pienso lo que otros piensan, creo que no estoy bien, y sin embargo es lo que sucede hoy y se llama telepatía.

¿Por qué? ¿Por qué estamos bien químicamente y de repente pensamos cosas tristes y feas?

No cuadra, no cuela, no es de recibo y se llama manipulación telepática.

En fin, son los días de hoy acojonantes y destructivos, llenos de zozobra y de lucha x la lucha (crispación).

«El hombre es un lobo para el hombre» dijo aquel filósofo y llevaba toda la razón, solo que se adelantó a su época y hoy es lo normal y natural.

Quisiera un cambio, pero creo que tendré que acostumbrarme a este maremágnum existencial.

¡Bua!

No estoy enferma (1)

Hoy día 20 de mayo, primer día de calor veraniego, parece que se han calmado los ánimos y con el calor la gente está más apaciguada y contenta.

¡Ojalá no me pongan sal en las espinacas de la cena porque están queriendo que me suba la tensión y queriéndomela tomar a toda costa!

Yo no me dejo porque me encuentro bien y con los aparatos trucados, no sé… (comprobado).

¡Son unas hijas e hijos de Satanás!

¡Dios, me quiero ir de este centro! SOS, por favor.

(1) (estoy tumbada en la cama)

La última primavera

Toda la noche con el aire acondicionado puesto en frío total.
El caso es que han dicho que no se puede quitar porque es general
y hasta mañana no es posible.

¿Están locos o qué? Aquí hay ancianos y pueden enfermar, si no
morir de frío. Por mucho que me he tapado con mantas y demás,
no he conseguido entrar en calor. ¿Están locos o qué?

¿Qué será lo siguiente? Es la guerra de los reaccionarios que
cual chinches nos quieren exterminar porque para ellos somos eso,
chinches, que no debemos vivir, aunque no hagamos nada, sino de-
fendernos.

Seguiremos, pues (en este manicomio).

En el comedor

En el comedor pululan las palomas que se cuelan por las ventanas en primavera buscando algún mendruguillo de pan.

Los ancianos las toleran y las empleadas no.

Yo les digo «palomita, palomita, tráenos la Paz» y ellas mueven el cuello.

Están robustas y macizas, como si comieran algo, pero no nos traen la Paz ni por asomo.

Ahora los políticos gritan contra Israel y el Papa contra Rusia, pero no hacen caso y van a la suya, a matar a los débiles con su habitual cobardía. ¿Quién da más?

Releer es historia

Releyendo hoy el libro de Tom Sharpe, *Wilt* (1976), me vuelvo a sorprender cuando en conversaciones de mujeres se dicen: «El amor está muy bien, sino te dejas atrapar por él», «El joder tiene que ser sin lugar a dudas, divertido» o «Tienes que sentirte libre, libre para ser tú misma».

Que hoy en 2025 esté todavía de actualidad, y me recuerda la permanencia en mujeres del siglo XXI español que al decir estas cosas las tachan los hombres de «zorras», y otras lindezas, o si no, lo piensan.

La permanencia histórica no se ha estudiado demasiado, y sí, se habla de que la historia se promulgue o las constantes historias como científicas.

Mi amigo, el bardo

Después de un momento malo
conocí a un joven bardo,
quise ser su amiga
como me insinuó él mismo,
fue un momento mágico
pero al cabo fallido,
porque no estaba escrito.
Mientras, disfruté de su pseudoamistad
cantaba y cantaba
y yo disfrutaba de tanto
arte y creatividad
y me alegraba el alma,
que entonces necesitaba.
            Adiós, amigo.
Llegaste en el momento oportuno,
nunca conocí a nadie igual
porque entonces me liberé
del mal que tuve.

        Gracias, simpático bardo.

Testimonio

Como la Paula de Isabel Allende, quiero trazar un testimonio vital de nuestra hija Yolanda.

Pero como imagino en aquel caso, no es sentimental ni con tristeza sino como un don divino que se nos concedió a Darío y a mí y que gozamos de su presencia en esta vida.

Ni ella, ni nosotros estuvimos tristes cuando de muy pequeña nos anunció su prematura muerte, acogimos esa noticia con credibilidad y sosiego.

Porque, para mí, ella supuso un gran tesoro jamás codiciado, y no porque fuera extraordinaria, sino que dentro de su normalidad nos emanaba PAZ y AMOR y con ello la Felicidad deseada por nosotros dos, en su vida y en su enfermedad hospitalaria y mortal, a sus trece años de edad.

Imagino

Imagino saber quiénes o quién perturba mis noches y algunos días. ¿Por qué?, también.

Hoy estoy amorosa y sosegada hasta que me duela la cabeza y sienta que no es justa esta zozobra, pero Dios me ayuda y así le pido.

Me odian sólo por mi existencia y yo pienso que todos y todas debemos caber en este mundo y descartar el odio, aunque a veces cueste.

Instalemos el amor, todo nos irá mejor y seremos más felices y confiados pues no se instalará la maldad en nosotros. Intentémoslo.

IMAGINA.

Algo de historia

En otro orden. ¿A qué llegó la liberación sexual de los 60?

A una banalización de lo sexual y al SIDA, ambos abominables pues los dos casos se perseguía lo mismo. El sexo como aberración o como costumbre y por tanto como prohibición por el UHS fue X fruto y final a tanto desenfreno (de momento).

Y… Pero llegó el viagra, cuando se olvidó los estragos del sida, para también volver al desenfreno, a otras formas de amar, a lo prohibido, a la pederastia, al grupo, a lo orgiástico que, por cierto, siempre ha existido en la historia…

Pero hay otro amor sexual, y lo saben, si se quiere, más sofisticado y más gratificante… y duradero y no animalístico total. ¿No?

El hábito sí hace al monje

En nuestro mundo, la imagen y los estereotipos son cruciales.

Nos uniformamos para que nos encasillen en lo que deseamos ser (no pasaría si fuésemos desnudos).

Las modas nos mandan también qué imagen dar. Es un mundo complejo, psicológico y dictatorial pero que no hay otra forma de evadirse.

Tiene también sus compensaciones usado con inteligencia, nos podemos hasta divertir como en carnaval o cuando queremos que nos «consideren» o no.

Pero la libertad la da, sin lugar a dudas, la desnudez y no el textil, creo que todos o casi estamos de acuerdo y los nudistas lo saben.

Ultimátum

Aquí, donde vivo ahora, pasa una cosa muy curiosa: salgo de comer más débil de lo que he entrado y cuando como algo «extra», me vuelvo a recuperar.
¿Qué pretenden?
Aquí casi todo el mundo va en silla de ruedas o taca-taca, no pueden andar solos.
¿Qué pretenden?
Cuando me visto y ando con mi bastón, me dicen lisonjas (¿cómo es posible? Si le damos lo mismo a todos/as?)
¿Qué pretenden?
Médicos corruptos, personal prepotente, etc.
¿Qué pretenden?
Los pacientes están muy deteriorados y silenciosos, no participan en las actividades, etc.
¿Qué pretenden?
¡Ay! ¡No puedo más!

Sin descontrol

(Tópicos útiles hoy)
«Coger el toro x los cuernos».
«Sin miedo a la libertad».
«Sin miedo al miedo».
«Tranquilidad y buenos alimentos».
«Mesura y comprensión».
«Sigue tu camino trazado».
«Imagine».
«Soñar y Ensoñar no cuestan dinero».
«Vida natural y desintoxicada».
«Piensa bien y acertarás».
«Libertad sin ira».
«Competencia sin competitividad».
«Razón y sin razón».
«Pensar lo que queremos (sin manipulaciones)».
«Haz bien y no mires a quien».
«El saber no ocupa lugar».
«La lectura acaba por crujir en nuestras manos».
«Piensa bien hasta de nuestros enemigos».
«Amar y reír es todo repetir».
«Despacito y a fuego lento lo conseguirás».
«La paciencia es la madre de la ciencia».
«Palomita, darnos la paz duradera».
«Coser y cantar todo es empezar».
«El hábito si/no hace al monje».
«Bravo por la música».
«Fuerza y tesón éxitos son».
«Respeto y compasión a los vivientes».
«Aire, movimiento y sol, salud son».

«Estaremos donde confluyamos».
«La tierra, para quien la pisa».
«Orden y concierto, hacia lo sublime».

¿Hay solución?

No lo sé, pero lo que sí sé es que, por este camino, no la hay.

Si alguna vez me voy de aquí no hay o no creo que haya alternativa. Son como si esperaran mi caída y no me dan ninguna solución por supuesto; son como si la familia S. renacieran todos ellos.

Son como si Carlos, Mª Jesús o Rosa M. renacieran en todos ellos.

Es tanto su odio como si lo mío, mi liberación no tuviera solución.

Y lo malo es que no QUIERO ni PUEDO cambiar porque ahora me siento libre y plena y en unión con la verdad y la sabiduría.

Ahora me compensa tanto sufrimiento y persecución.

¡A ver quién puede más!... y espero.

Sí, la hay (?)

Por fin veo la luz
por fin la he encontrado
con ayuda, sin lugar a dudas.
Ya no tengo miedo al mundo
ya podré descansar en paz
s. d. q. podré,
Darío, amor mío,
gracias por haberme construido la mansión palaciega que necesito
gracias por encontrarme la solución.
Ayúdeme a gestionarla
solo puedo estar allí
en tu palacio.
SOS. Darío, no tengo otra salida.
SOS. Darío, apiádate de mí.
           SOS.

Vamos a ver

El día indicado lo hemos resuelto como he podido porque no quiero ir de Málaga a Malagón.

Seguramente me quedaré ante lo conocido y «casi» dominado porque he aprendido bastante y todavía estoy «en marcha».

Gracias, amor, que esto es lo más razonable, ya que no estoy incapacitada para vegetar en otro sitio x muy «guay» que se me presente.

Pero, sí: voy a la guerra, soy la bomba, soy fuerte y capaz.

Voy a por todas, no me achanto ni claudico, NO.

¡Soy vital! ¡Voy donde Dios quiera!

Solución

Como el mal está en el cap.
tenemos una solución
como vemos está en la psicología
y todo estriba en su cura
porque vemos que el mal
está en el cap.
Terapias, fármacos o controles todo está en el cap.
Porque con buenas terapias de grupo o individuales
todo está en el cap.
No más comeduras de cap
no más historias sin retorno
música, poesía o meditación
transcendental,
todo está en el cap.
y lo ideal: ser tu propio terapeuta
inicial. Porque todo está en el cap.

Piedad Postrera

PÍO BAROJA

1998, *Vidas Sombrías*. Leído el 26-5-2025

«(…) Porque la Humanidad había sentido en su alma la conciencia del infinito, y el horizonte de la vida era cada vez más grande y cada vez más azul.

(…) El rico había comenzado por desprenderse de lo superfluo y quería partir con sus semejantes lo necesario y el pobre se resistía a tomarlo, y ambos eran felices.

Pero el corazón generoso del Hombre esto no le bastaba y trató también de llevar felicidad a los animales, y a las plantas, y a todo lo que vive, y a todo lo que siente.

(…) Y el HOMBRE recordó que JEHOVÁ había dicho: no matarás, y se abstuvo de derramar sangre de hombre.

(…) Y se abstuvo de derramar sangre de animal».

La soledad de una corredora

Volvamos al amor
yo no quiero estar sola
me siento coja, muda, ciega.
Si yo soy apetecible,
¿xq estoy sola?
forma parte de mi maldición o no.
Quiero amar
¿porque estoy sola?
la soledad enriquece
pero si no es deseada,
entorpece.

NO QUIERO ESTAR SOLA.
QUIERO VOLVER A AMAR.
QUIERO HABLAR.
QUIERO SENTIR.
QUIERO SER ACOMPAÑADA.

Sola

Sola en la vida
viudita y sola
en la vida
por una mala partida
ladrón, quiero vivir.
Venga alegría
Señores, venga alegría
quiero vivir.

-Cómo está el patio-
más vale sola
que mal follada.
No obstante,
buscaré un lugar
donde las garzas
sean garzas
y el Amor, Amor.

Pero ¿qué hace una mujer como yo en un mundo irracional como
este?

Soliloquio

Santo espíritu
congratula a tu hija
que ya nada tiene,
pero sí que dar
y por eso está más capaz.
Santo espíritu
dile que no le importe
el qué dirán
porque los demás
están locos y locas
de atar,
y tú le concedes
la sabiduría inmortal.
Santo espíritu
ten presente
que ayudándola
ayudas a otros hijos
y a otras hijas
a salir del *kaos*
existencial.

Soñar es maravilloso

Soñé en otra vida y en otro mundo
y me gustó la idea
contigo o sin ti
me gustó la idea.
Era todo tan etéreo
tan bello, tan maravilloso
que no te necesitaba
para ser feliz.
Las vacas daban leche pasteurizada
las niñas no se vestían de princesas
y yo no estaba nunca triste
porque no existía la tristeza.
Era todo tan bello, tan maravilloso
que incluso Alicia era real
y era mi amiga y mi confidente
en este mundo tan maravilloso y feliz.

Prueba, por favor

Me dicen:
eres hermosa.
¿No se dan cuenta
tontos del culo
que la belleza se
fabrica cada día
en nuestras cabezas
bienpensantes?
Y al revés,
la fealdad
es pasto de llamas.
      Por favor,
haced una pruebecita,
solo una.
No seáis tontos
del culo, por favor.

Gracias, Dios

No quiero
morir en vida,
quiero vivir
en vida.
Quiero sentir
porque tengo
seis sentidos todavía
que Dios me ha dado
y que tengo que
apreciar su don.
Tengo también
neuronas que tengo
que apreciar también
«ese don de Dios»,
y no ser desagradecida
en vida (78 años tengo).

Solitariamente

Como hemos cambiado
como hemos olvidado
aquella amistad,
que nos proporcionaba
el calor que necesitábamos
para vivir.
Ahora nos acercamos al sol real como paliativo... solitariamente.
¿Será la limpieza étnica tan cacareada por los genocidas?
Una limpieza mental que no deseamos xq no nos da el calor de esa
buena amistad de antaño.
Y ahora nos acercamos al sol real como paliativo...solitariamente.

Fortaleza

Tuviste una oportunidad de ser feliz y la dejaste escapara por tu orgullo.

Yo claudiqué pronto al ver que no me convenías, xq no quería lo que me ofrecías, y respiré tranquila.

Yo quería amor y protección y no egoísmo, y al final, machismo, pero eso es lo que hay, con alguna excepción.

Seguiré sola porque aunque las comparaciones no son convenientes estoy mejor que añadiendo problemas a mi actual existencia problemática y creo que me las arreglaré sin ti porque soy Fuerte y Capaz.

Declaración

¡Cuánto te quiero, Dios mío!
¡Cuánto te quiero, Darío!
Me salvaste ayer y hoy,
y no lo olvidaré,
aunque pasen mil años
no lo olvidaré.
Solo tú, Darío, me has respondido
y ante los avatares de la vida
solo tú y Dios
me habéis protegido y amado,
por eso
os amo yo también
y aunque no fuera por eso,
también os amaría.

Ella es demoledora

María, Luisa, Constanza... Sois demoledoras y maravillosas pero...
¿No os habéis preguntado por qué los misóginos y machistas (que son un montón) nos desprecian?

¿No os habéis preguntado las diferencias ante el sexo fuerte y los estereotipos?

¿No os habéis preguntado por qué las mujeres solas no encajan bien?

¿No os habéis preguntado que al buscar novio-marido-pareja buscamos un dueño?

¿No os habéis preguntado que la maternidad es una trampa para la libertad?

¿No os habéis preguntado por qué gastamos tantísimo dinero en «apañarnos»?

¿No os habéis preguntado por qué no hacemos más uso de nuestras capacidades?

¡No seamos Barbies!

Labios de fresa (y bailar pegados)

Cuando oigo tu canción
pienso que ya habías
entrado en la adolescencia,
y aunque falleciste siendo niña,
serías un volcán siendo mujer.
Tu canción atestigua ya
tu gran predisposición al amor
y a la pasión juvenil.
¡Bravo, Yolanda! Eres digna hija de nosotros dos.
Esa canción atestigua ya tu *joie de vivre* y aunque estuvieras
al borde de la muerte y lo supieras, no te rendías.
        ¡Bravo, mi niña!
            ¡Genio y figura!

Flipar

Cuando realizo un acto religioso pienso
en la frase de Marx «La religión es el opio del pueblo» y…
　　¿Qué no es un opio para el pueblo?
　　Puesto que el pueblo lo necesita (si no está alienado).
　　Lo necesitamos, el opio y muchos opios como paliativos de
lo absurdo de nuestras vidas (si no se está alienado y manipulado/a).
　　Necesitamos paliativos beneficiosos y que no solo nos
aporten evasión de nuestras nocivas cuitas sino también el llamado
«crecimiento personal»
　　porque para eso existimos.
　　VIVIR ES APRENDER con o sin «opios».

Descafeinados

«En la época actual, en que todo VACILA, hay que vivir arriesga-
damente» [no vegetar arrimándose al mullido sillón (solo sí x
cansancio)].

Estoy asistiendo al popurrí o al descafeinado en que «todo vale»
con tal de progresar personalmente, incluso pisoteando los dere-
chos adquiridos por siglos de historia (que es la clave).

Hemos aglutinado todos los movimientos sociales, económicos,
políticos, religiosos, etc. Para apañarlos a nuestras conveniencias.
Esto es lo «políticamente correcto». Es la confusión. Es el manico-
mio social.

Solamente, con el miedo a la locura, creemos en «el día a día»
como los enfermos terminales. ¿Qué nos ha pasado?

Aproximación

A mi mundo «ideal» (así lo veo).

1º Me gustaría sobre todo que se erradicaran las guerras incluso la TOTAL y toda su parafernalia.

2º Como creo que la solución estriba en la educación propongo la universidad como requisito para el trabajo + remunerado. Todos y todas para trabajar necesitarán estudiar alguna carrera corta.

A. Nuevas universidades:
- Educación y Pedagogía.
- Derechos humanos y animales.
- Sanidad humana y animal.
- Agricultura ecológica.
- Biodiversidad.
- Eco-cultura. Energías naturales.
- Ética y Derecho.
- Tiempo-Meteorología.
- Ciencias Humanas.
- Ciencias de la Naturaleza.

B. Estudios no universitarios:
- Ingeniería técnica.
- Ingeniería y prevención de catástrofes naturales.
- Arquitectura técnica.
- Derecho.
- Comunicación y Derecho.
- Deportes y Derecho.
- Información y Derecho.
- Ciencias políticas.
- Ocio y turismo.

- Arte integral.
- Musicología.
- Terapias alternativas.
- Transportes y comunicaciones.
- Estética sanitaria y aparatología.
- Ginecología.
- Dentista.
- Administración.
- Notaría.

Maldita envidia

Castilla del Pino tiene un libro sobre la envidia que se produce cuando nos comparamos con alguien, es algo psicológico, que genera el odio hacia él o ella envidiándola.

La religión católica, y otras, le han dado un matiz de pecado que se traduce en el mito religiosos del pecado original y la posterior expulsión del Paraíso terrenal de nuestros primeros padres Adán y Eva por este pecado al querer empatar/epatar con el mismo Dios x envidia hacia ÉL.

De todos los occidentales es sabido las consecuencias negativas que se produjeron y que sufrimos todavía. =(ES EL MITO)=

La levedad del ser: la liberación

Quiero anunciar el deseo
de mi próxima muerte
y no estoy deprimida
estoy convencida de que es
mi única solución
porque estoy HARTA
y aunque me engañan,
como a todos, de que este
es el mejor de los mundos,
yo como Camus creo en
«lo absurdo de la existencia».
Reconozco que creía que
la longevidad era el sueño a realizar. Es un
engaño para mantener el
sistema. | ¡Consumir hasta morir! ¡Morir x consumir!

Extrañeza Pío Baroja

«El cómico, el de la funeraria, el prestamista, el general, el cura; todos me parecían sin conciencia y, además de estos, el abogado que engaña, el comerciante que roba, el industrial que falsifica, el periodista que se vende… y, sin embargo, pensé después que toda esa tropa que roba, que explota, que engaña y que prostituye, tiene sus rasgos buenos, sus momentos de abnegación y sus arranques caritativos.

La verdad es que semiángel o semibestia, el hombre es un animal extraño».

¿O no?

Cloacas

No es eso
la democracia no es una guerra sucia
la democracia no es mafia
la democracia en la justicia ¡aplicarla!
    La democracia española progresa
económicamente.
    ¿Quién está en esto?
    ¿Quiénes entorpecen la Democracia española? ¿Quiénes nos vuelven locos?
    ¿Quiénes quieren acabar con la democracia y que se vote x mayoría a todos sabemos quiénes (aunque no pueden con las cifras de empleo que son espectaculares). ¡Lo nunca visto!
    Sin embargo, ¿se han vuelto locos los partidos políticos democráticos? Veremos.

    Cloacas=Manicomios=Manipulación

Solo quiero

Solo quiero vivir y que vivan
las demás personas de bien
solo quiero morir en paz y en
la gracia de Dios.
Solo quiero vivir sin persecución, x
la justicia y por los depravados
solo quiero que el Bien prevalezca
solo quiero que el Mal perezca
solo quiero ser Fuerte y la paz
solo quiero vivir sin enemigos
solo quiero amar a Dios
solo quiero amar a mis amigos
solo quiero un lugar en el cielo
solo quiero que mis amores VIVAN
solo quiero que se haga la voluntad
de Dios.

Debate

Me debato entre una dicotomía:
felicidad o guerra
Darío o José
claro u oscuro
oscuro o claro
José o Darío.
Quiero reír
pero también
que rían los demás
vivir o morir
morir o vivir.
Ahora me gustan los dos,
los dos son creativos.
Ahora voy a pensar
en los dos,
los dos son constructivos.
—Resuelto el debate—

A pesar de todo

A mis 78 años
siento mi corazón
latir con fuerza.
Te quiero, *je t´aime, I love you.*
Gracias, Dios,
por no haberme helado
mi corazón y todavía
siento la primavera,
el verano, el otoño y
el invierno.
Te quiero, *je t´aime, I love you*
es maravilloso
es inconcebible
es, es, es... mágico.
Por eso todavía
amo con ardor
incluso pasión
te quiero, *je t´aime, I love you.*
....

Sin dudar

¡Que viva la belleza
y que viva el amor!
Oyendo buena música
contemplando la naturaleza
leyendo algo hermoso
viendo algo hermoso, humano
etc., etc., se distingue
lo bueno de lo malo
y se puede cantar aquello:
«Gracias a la vida…»
y se puede decir aquello de
«que viva la belleza
y que viva el amor».
Es lo que nos distingue
de las bestias. Indudablemente.

Estoy enamorada del amor.

Intensidad

Vivo con intensidad
cuando me rebelo
contra el *establishment*
pero aunque no tengo
la vida que quería, pero tampoco me va tan mal.
Querría tranquilidad y
buenos alimentos.
Pero amo con locura.
Pero a cambio, Amo con locura
intensamente y vibro y
fluyo. ¡No está mal!
Creo que vale la pena
sentir y no dedicarse a
dormir la mona, sin
beber alcohol.

Inconcebible

Hoy, una residente me ha confesado que han entrado en su habitación y querían violarla (a una anciana).

Es inconcebible, en este lugar donde vivo ahora, que haya gente tan descontenta que diga o incluso se invente esas historias odiosas con el odio generado por todo lo que pasa aquí.

A mí me acosan, continuamente me ponen «algo» como sal en la comida (soy hipertensa) y me quieren tomar la tensión todos los días a ver si sus manejos tienen éxito o no. Es inconcebible que en un centro pulcro no tengan un aparato de la tensión «fiable» al 100% que los hay. Doy fe.

—Me quiero ir—.
NO AGUANTO MÁS.

Escoltar dins

Al desaprender lo innecesario que comprendimos, estamos llaman-
do al progreso, a la evolución y estamos diciendo NO a lo obsoleto,
a lo «cutre» de nuestro aprendizaje pasado e inservible.

Volvemos a «la historia se repite» y afortunadamente no se re-
pite, hay evolución según Darwin. Hay voluntades para que se
«repita» o se ralentice, y esto me daña y me molesta sobremanera.

Bueno, no soy nadie, pero me molesta mucho porque: «LA
HISTORIA NO SE REPITE». *Escoltar dins* dijo el Papa Francisco
(legado).

La inteligencia natural

Hasta que se instale la inteligencia artificial hay tiempo para instalar la natural que va al 100% de nuestra capacidad.

Nadie nos lo puede arrebatar.

Es interesante que la artificial nos ayude en este proceso inminente.

Entre cuatro paredes en un ordenador podemos decir que llegaremos, a pesar de la «contra».

Nadie nos lo puede arrebatar.

Porque la mente es poderosa y crea las máquinas; son creadas x ella.

Las máquinas siempre nos han ahorrado trabajo y aportado eficacia y progreso.

X (por) siempre tú

Perdóname, Dios mío, por todas mis faltas y para que no los tengas en cuenta y veas mi gran amor x ti (esto lo escribí ayer que estaba derrumbada, x los de siempre).
Hoy me siento más fuerte y capaz, hoy he sido escuchada x Ti, sin dudar.
Quizá si no hubiera estado fatal no me hubiera dado cuenta
del gran amor
entre tú y yo.
Y ahí estas,
gracias.
Aprendo sobre la marcha y me hago más fuerte cada vez.
Gracias, Dios.

Amigo

Así es Dios para mí, un buen amigo al que reinventar cada día «si
Dios no existiese había que inventarlo».
Dios me da fuerza en esta lucha, Dios me da discernimiento en
esta lucha diaria.
Dios me da amor del bueno. Amor a todo lo creado y a mi misma.
Dios me da compasión y comprensión.
Dios me da compañía cuando estoy sola.
Dios me da suerte, aunque no se la pida.
Dios me da todo lo que necesito y más.

Cita hacia dentro

EMILIO PRADOS

«La esfera de la noche
a un nuevo amor nos llama.
La rosa de lo eterno
a los dos nos amarra.
Deja el sol; deja el cuerpo,
ya vendrán otras albas…
¡Voy a coger el sueño!
¡Te espero en su terraza!».

La libertad

El pecado no existe («libre albedrío»).
La libertad permite
pecar de pensamiento,
palabra, obra u omisión
el que «peca» es libre.
Y si luego rectifica
eso es libertad también.
La Iglesia colabora
a la función del
hombre-siervo.[2]
Eso no lo quiere Dios,
pues Dios quiere nuestro bien
y la libertad,
y ella es el mayor Bien
posible.

---

2. Cuando pide perdón continuamente.

Mensaje de amor

Amor, Amor, Amor
nació de ti
nació de mí
de la esperanza.
Amor, Amor, Amor
nació de Dios
para los dos
nació del alma.

(Estribillo de una canción juvenil que en el 2025 me sirve).

That is in the cuestión

La transmutación es la clave, como solución pacífica ante esta confusión imperante.

¿Dónde está la verdad? Es difícil saberlo ante el engaño, ante los bulos de antidemócratas, que se creen todos los ingenuos/as engañados x los «buenos argumentos» antidemocráticos.

Transmutar las mentiras x verdades no es difícil y es lo único razonable y eficaz porque todo el mundo prefiere 1 claridad a lo oscuro y manipulador.

Por tanto, el «todo vale» para conseguir el poder político, hay que combatirlo en sociedades democráticas y libres. (Si no, no lo son).

Descarto

A los tóxicos/as
a los hipócritas
a los mentirosos/as
a los criminales
a los envidiosos/as
a los locos y locas de atar
a los antidemócratas
a los aprovechados/as
a los pusilánimes
a los fanáticos/as
a los fascistas/neonazis
       y reaccionarios
a los manipuladores/as
a los resentidos/as
a los genocidas
a los malignos/as... etc., etc.

No hay un momento

Que no piense en ti, Darío.

En vida me aportaste además de «todo», sobre todo, Paz y Amor.

Después me das, además, lo que ahora que no estás aquí conmigo, necesito: Fuerza y Resolución.

Me dijiste «te cubriré de oro» y en verdad así fue. (no de metal)

También me dijiste como la canción «Que tú eres mi consentida que lo sepa todo el mundo»... sí, sí, sí...

Estamos todavía enamorados (1981-2022 en vida) (2022-2025 en pensamiento). ¿Amor eterno?

Por eso le hago un homenaje a un ser que me hace feliz desde que lo conocí (en la primavera de 1981) y nos casamos, el día 20 de noviembre de 1981 hasta hoy.

Solo tú, Darío

Gracias, amor,
por haberme salvado
una vez más
de la concupiscencia voraz
de estas tentaciones
que me obnubilan
el cuerpo y la mente
y solo son carátulas
de la verdad.
«La loca de la casa»
me rinde cuentas
y al final me percato
de su segura falsedad
gracias x no dejar pasar
este universo voraz.

Mi mundo musical

En la Antesala 2 mi mundo se hace bueno cuando me permiten desconectar, cuando mis células se inundan del sonido divino que me vuelven divina por unos momentos mientras escucho.

Pero, ¿cuándo iré a la antesala 3, y mi última morada en esta Tierra inhóspita?

Oigo sirenas que me llaman a otro lugar más feliz, que no conozco pero que ansío en lo más profundo de mi ser.

Espero con paciencia la salida de la antesala 2 y lucho porque se produzca lo antes posible, y mientras tanto escucho... y escucho.

¡Qué suerte! La mía

Ha sido mi infancia.

Nací, como se dice, con estrella, no sé si merecida o no.

Mi padre en boca de mi madre me adoraba, tenía locura por mí, y mi madre, supongo que indirectamente, me favorecía, por ejemplo, como tenía la carrera de piano, nos deleitaba todos los días con las partituras de genios de la música clásica, de ahí mi «cultura» musical que me sirve todavía.

Y mi afición a la lectura, a la historia y a la fantasía es porque devoraba cuentos de hadas de a 1 peseta/tebeo.

GRACIAS, VIDA.

Me esperan allá

No tengo derecho a pensar que puedo comportarme como joven siendo vieja.

No tengo derecho a vivir como joven.

Yo no sé qué hacer ante mi cuerpo y mi mente que está aprendiendo como una joven las visicitudes de la vida y su entresijo de opciones más o menos pasadas de moda, y de contexto.

Es como una maldición.

Quiero estar en el siglo XXI como mis compatriotas pero,
quiero morir pronto de joven-vieja. No hay otra opción segura.

Democracia *now*

Histórico sistema político de la polis ateniense (siglo v a. C.) y revisable continuamente (gobierno del pueblo). Como otros sistemas políticos e institucionalizados, legados históricos también. Se ha llegado a decir que el sistema democrático es el menos malo posible, y es verdad, pero adolece de:

1° Está integrado en regímenes + o - corruptos.

2° No se regenera periódicamente.

3° Se basa en el sistema judicial, también revisable, etc.

El escándalo político en España el día 12-6-2025 nos lo confirma junto con otros escándalos que en cualquier caso se reproducen y se reproducirán y no nos rasguemos las vestiduras.

La posible solución no es «pasar», sino que cada uno de nosotros se conciencie de su papel en este mundo (que ya toca).

Locura colectiva

Papá, de mayor no quiero ir a la guerra, le decía un niño a su padre, muerto ya de miedo.

Yo también se lo hubiera dicho, aunque nací en la postguerra y las mujeres no iban a aquel holocausto de «constante» histórica, y ahora me resigno a padecerla por los medios a mí alcance.

Esta «constante» forma parte de nuestras vidas como si nos tomáramos un bocadillo viendo TV, y las proezas armamentísticas nos parecieran un acto de valor y diversión.

¿Estaremos ya locos de atar?

Creo que sí.

Negarse

Negarse a sí misma. No lo quiero.

Es como el Nirvana de los sabios orientales que, para mí, no quiero porque yo quiero vivir y morir, quiero sentir el universo sobre mí, quiero vivir en libertad, quiero llorar de felicidad…

La muerte es liberadora de este mundo construido a base de mentiras y engaños.

Este mundo revestido con una capa o coraza de oro no tiene cabida en mi mundo revestido de Amor. Y por eso no lo quiero.

No quiero sufrir.

Yo quiero «otro mundo mejor». ¿Es posible?

Sí.

Morir x amor

¡Cuán bonita fue la vida con Él!
¡Cuán maravillosa será la muerte por Él!
Por amor viví.
Por amor moriré.
Ni vivo ni muero ahora
y quiero morir
por Él
porque quiero estar
en Él.
Ahora soy una planta,
sin alma
y ahora quiero
morir por Él
porque quiero estar
en Él.
Concédemelo, Dios, por favor.

Chiqueta (a *tú*, que no estás así).

Mellor de lo que pensaban.
Eras tú.
Tenies la cara *mes bonica*
Que la *lluna*
Y el *cor mes bonico*
Que el sol.
Per aixó.
Una y *oltra vegada.*
Voy a *estimarte*
mes ara.
Mai mes que nada
en el *mon.*
      (Mundial).

Ama

Pienso que tengo
un cuerpo perfecto
y pienso que no necesito
nada más.
Y hoy, necesito la tranquilidad
y los buenos alimentos
que nos proporciona
nuestro Padre celestial.

Solamente necesitaría
que algunos otros/as
disfruten también
«de un bagaje cultural»
que estoy dispuesta a dar
y que comienza con un
¡Ama! Lo conseguirás.

Para qué sirven las guerras

Mamá: ¿Para qué sirven las guerras?

Me preguntó la pequeña Yolanda mientras hacía sus deberes de historia del Liceo Francés.

Vamos a ver, le respondí, las guerras no sirven para nada, salvo para la matanza entre unos y otros.

Históricamente y culturalmente sirvieron para mover las conciencias de los guerreros en el plano ideológico; social y/o religioso.

Ahora esto no tiene sentido y sirven para: como siempre, sembrar el miedo y el dolor.

1º Sanear la economía de un país con la venta de armas (mafias, etc.).

2º Cuestión demográfica, más eficaz que los anticonceptivos. Y más drástica.

3º Cuestión tecnológica y de innovación. De defensa armamentística y política.

4º Imperialismos (¿constantes históricas?).

5º Para dar continuidad coyuntural.

(«La historia se repite»).

La música clásica y demás

La música para mí es como el pan de cada día, es mi repertorio vital.

Y no concibo la vida sin música, por eso, cuando suena, mis células se activan y pienso que ya nada se puede comparar al Paraíso Terrenal.

Con la música mis sentidos se ponen en marcha, el amor, el odio, la concupiscencia, el horror, el pánico o la dicha son algunos de mis resortes ante ella. Cuando oigo alguna obra maestra musical, oída en mi infancia, es como volver a nacer otra vez.

El efecto musical es comparable a una «experiencia religiosa» que cantó el Iglesias, el Enric.

La música es gratuita, la tenemos cuando queramos tener esa experiencia.

Gracias x existir.

Expreso

Nuestro cuerpo puede expresar los sentidos más intensamente que con las prisas nos hacen desaprovechar.

La vista no necesita gafas para disfrutar de la belleza natural y/o artificial, de la belleza virtual x ejemplo, del Arte.

El oído capta los sonidos, y los ruidos, si no están tapados.

El olfato, la aromaterapia, disfruta con los olores positivos; y con los negativos, huye.

El gusto, qué decir de una buena comida en compañía.

El tacto, ídem.

Pero se pueden ampliar estos con el sexto sentido, encargado de llevarlos hasta su máxima expresión.

Es la naturaleza la que se expresa.

No desaprovecharla.

La amazonia

«El río Amazonas es el más ancho y largo de la Tierra, cinco veces más que ningún otro. Solo los astronautas en viaje a la Luna han podido verlo entero desde la distancia» (…). «Esa inmensa región, último paraíso del planeta, era destruida sistemáticamente por la codicia de empresarios y aventureros» (…). «Estaban construyendo una carretera, un tajo abierto en plena selva, por donde llegaban en masa los colonos y salían x toneladas las maderas y los minerales».

Pág. 40, *La ciudad de las bestias* de Isabel Allende, Debolsillo.

Enamorar-me

Me miro al espejo
y no me reconozco
¿me estaré volviendo…?
Me gusto y me veo
con un cuerpo 10,
¿es solo mi apreciación
y como Narciso
acabaré como él?
Creo que es mi alimentación
que me encanta
y me hace ser exquisita
porque la aprecio mucho.
Cual sibarita la degusto
y me sienta muy bien
ya no dejaré nunca, nunca
comida vegana comer.

Consejos...

Lisonjas, lindezas
eso quiero para mí.
Pero, Isabel,
la vida no es así.
Busca agradar
y serás agradada...
porque quien da recibe...
y ve la vida
con sonrisas
y no con lágrimas.
No mires a tu enemigo
a trasluz,
simplemente,
no lo mires.

+ que Acoso

Padezco + que acoso
Por aquel que vive arriba.
No es de extrañar
pues no es el primero.
Este es un potente acosador:
- no puedo dormir
- tengo incontinencia urinaria
- estoy manipulada
- sufro de depresión eventual.
¡Cuándo va a acabar
este suplicio que no cesa
desde que vivo aquí!
La Bienbe, la Carmen…
las que mandan
y pido, pido, pacientemente
que cambie mi suerte
                ¡por favor!

Sueño que muero

Sueño con mi muerte deseada
pido que esta sea cercana
que el viento me sea favorable
y que mi muerte sea cercana.
La eternidad es pues
de camino al otro mundo
y sueño con el momento
del acercamiento.
Esta vida terrenal no la deseo,
ahora no hay más que sufrimiento.
Después me crecerán las alas,
volaré, volaré
hacia lo eterno
y sueño con el momento
del acercamiento.

Tú, Robot

Acordándome del *Yo Robot* que creo era una película antigua y que me viene a la memoria x la fiebre de algunos jóvenes x las criptomonedas y por la inteligencia artificial.

Porque hablan como robots y quieren serlo quizá para que estos no le quiten el puesto de trabajo. Creo que estoy en un mundo no inventado, aunque quiere ser lo más moderno e innovador posible.

Antes decían: «Ya está todo inventado» y la verdad es que la Historia se quiere repetir.

Como dicen ahora: «Los acontecimientos pondrán las cosas en su sitio».

Sueño de una noche de verano

Hoy 23 de junio, sueño que estoy en la playa con mi amor, son las 17:00 h y hace calor en la orilla.

Me gusta verme casi desnuda con la brisa que me acaricia la piel y el sol amainando; dentro de unas horas se hará de noche y nos reuniremos en una cena fraternal en esta Malvarrosa nuestra.

Es de esperar que bebamos y cantemos, canciones alegres y desenfadadas. La Luna inunda la playa y la brisa del mar vuelve a acariciar mi piel, cierro los ojos; es media noche; refresco mis labios con un tinto de verano excepcional.

Nos besamos.

Rareza

Estoy viviendo una extraña experiencia.

Carezco de libertad, de espontaneidad, me siento aprisionada.

¿Cuándo acabará esto?

Tengo al vecino de arriba que está todo el día y noche haciendo ruiditos, fastidiándome, enloqueciéndome, inquietándome.

Porque una cosa es ser viejo y otra estar muerto en vida, ¿como zombis?

Quiero irme cuanto antes.

¡Estoy harta, cansada de la vida que se me presenta monótona, horrible!

¡Ojo!

Los/as psicólogos y psiquiatras parecen tener más protagonismo y responsabilidad con las mujeres embarazadas.

La presencia de la hormona oxitocina, hormona del placer, en el feto, es fundamental, tácito, que dependen de ella el bienestar del futuro neonato.

Quiere decir que si se potencia esta hormona contraria serán niños felices o no.

¿No es eso maravilloso? Erradicar de los futuros humanos lo negativo de sus vidas y potenciar lo positivo.

Su viabilidad científica y RACIONAL tienen la palabra.

Propiciar el destino

Cuando se desea algo con muchísima intensidad, al final se consigue.

No sé por qué, pero a mí me ha pasado y me pasará, creo.

¿Qué cómo se hace? Nada, hay que propiciar el destino y la mente se encarga de concedérnoslo. Pero no hay que claudicar a la primera ni a la última.

Con paciencia «Avec de la patience on arrive a tout». (Carmen H.)

Y con tesón «La mente es cada vez más poderosa». (Yolanda Fdez.-F.)

Y, «atención, humildad, templanza». (Isabel P.)

La guerra sucia

Hoy día 25 parece que los hados me son propicios y me ha salido todo bien (esta noche he dormido bien).

Yo, que soy pacifista a tope llevo mal lo de la guerra sucia, ¿qué es eso? La locura puntual que se llama *stress*, lo podemos reconocer porque lo vemos todo oscuro y por ello somos atacados sin que sepamos el porqué.

Y hoy me ha dicho una psicóloga que me brillaba la cara (no me he puesto crema), pero cuando no hemos complicado los parámetros vitales, se nos nota y...

Adiós.

Gracias a la vida

Si queremos ser felices, dejemos atrás las neuras, las «depres», el infravalorarnos y demos gracias por lo que tenemos. Algo habrá siempre.

Busquemos lo que nos hace felices en un momento dado, seamos egoístas con sentido, sin despreciar ni abandonar la empatía universal.

Busquemos una meta altruista que nos despierte de la vorágine existencial dando un sentido y una oportunidad a la vida trazada.

Y, ante todo, AMA en general y en todos los sentidos, con todas nuestras fuerzas, como si fuéremos jóvenes y capaces.

Frustración

No quiero ni puedo
volver al pasado.
Mis límites de frustración
están en ello.
Me molesta, me amenaza,
me arrincona.
Tengo la suerte de mi mano,
y la felicidad
de sentir felicidad,
y aunque llore y patalee
ante la frustración del entorno.
No quiero ni puedo
volver al pasado.
¡No!
Es mi libertad
la que está en juego.

La imaginación al poder, Mayo Frances

«Imagina
ser la reina de tu conciencia.
Imagina
la locura hecha cordura.
Imagina
ver más allá de las palabras.
Imagina
inventar lo no inventado.
Imagina
tomar el poder en tus manos.
Imagina
ser artista como los genios.
Imagina
soñar, volar, soñar, volar... ». (I. P. M)

Imagina como John Lennon.

Romper

¿Qué es lo que me produce zozobra, sin razón, qué es lo que obstaculiza mi creatividad?

El pasado, sus errores y quizá también sus aciertos porque me impide pensar en el presente y me impide razonar libremente.

Vivimos en un mundo contradictorio y en lucha, y según quién «gane» nos sentiremos más o menos libres.

¿Qué significa ser libres? Es hacer y deshacer lo que nuestro «subconsciente» le aconseje, con su bagaje cultural.

Por eso es tan importante la educación y el desarrollo personal.

Sí, a la cultura. No, a la manipulación. No, a los instintos primarios.

¿Qué es la nación?

«El día que esta organización de la política y el comercio denominada Nación se vuelva todo poderosa a expensas de una vida social superior, será un día funesto para la humanidad» (…). «El día que el hombre vuelva a recordar que el cielo siempre esta en contacto con su mundo, y que no podemos abandonarlo a los lobos de la era moderna, que han olido sangre humana y aúllan a los cielos» (…). «No obstante, insisto en creer que la humanidad es capaz de la armonía de una plenitud en la que la pobreza no le priva de riqueza, la derrota puede conducirle a la victoria, la muerte a la inmortalidad y en la que quienes son los últimos aún pueden ver transformado el insulto en un triunfo dorado gracias a la justicia Eterna».

Rabindranath Tagore, Premio Novel de literatura de 1913.

Catarsis

Cuando ya nadie está seguro de nada, aunque aparente estarlo. Creo que hay que reflexionar y hacer catarsis de unas vidas basadas en la mentira y el engaño.

Cuando queremos tener poder por encima de todo y aplastamos al que creemos más débil. Creo que reflexionar es crucial para mantener sujeto el timón.

Cuando somos manipulados continuamente no solo por los medios sino por el que está lejos o cerca para demostrar ese poder ansiado por él/ella. Creo que hay que reflexionar sobre una vida + pacífica e integradora.

Ruidos

Tiempos difíciles,
complicados,
horribles.
Nos acercamos a la religión
para nuestro consuelo
y nuestro confortamiento.
Vamos a tener fe.
No nos dejemos engañar
volvamos a nuestros
orígenes.
No nos dejemos engañar
volvamos a la razón,
a la paz y al amor.
No nos dejemos engañar
por el astuto.

¡SIENTE AMOR!

Mi muerte

Es mi liberación
de este mundo voraz.
Quiero ir a otro lugar
donde el sol brille más
donde el cielo sea más azul
donde la tierra sea más verde
donde no haya engaños
donde no haya fronteras
donde el amor sea Amor
donde exista la verdad
donde exista la eternidad
donde veamos la Luz
donde vivamos libremente,
y en donde es posible
el Paraíso Terrenal.

      Quiero ir al otro lugar
      de Paz y Amor.

Falacias

Para no desvariar
en este mundo de locos
donde me ha tocado vivir,
escribo para afianzar
mis pensamientos
y quizá divulgarlos
a mentes abiertas.
A veces, estoy tan desesperada
de tantas falacias
incomprensibles,
que quizá ante mi soledad
desvarío y no acabo
de entender
el propósito de mi mundo,
por favor, pido explicación
o ¿no hay nada
que se pueda entender?, ¿o que se pueda explicar?

Quiero

Yo no quiero ser
la heroína de un
cuento de hadas.
Yo quiero ser
la heroína
de mi propia existencia
pues tarde o temprano
tendré que dar cuentas
al Gran Héroe
y prefiero que me
acepte como tal
con mis aciertos
y con mis errores
propios de una
heroína existencial.

Búsqueda

Busco la luz de tu mirada.
Busco el ocaso.
Busco lo que
no está trazado de antemano,
la improvisación,
eso busco.
Y como alma solitaria
busco la faz del día
en que resguardarme
de lo inexplicable.
No busco la alegría
de un alma enamorada
porque mi alma
busca el AMOR,
de un día
en que me diga:
¡Vamos, levántate y anda!

Temor

No tengo miedo
ni a la vida
ni a la muerte.
Como dijo aquel
solo tengo miedo
al sufrimiento.
Sano en lo más profundo
y pienso que tampoco
espero tener miedo
porque el miedo
es el impedimento
que nos marca
para no avanzar
y a eso
yo no temo.

Frases y canciones

«Dios es amor y libertad.
El amor es felicidad.
La libertad es el bien más preciado.
La confianza es aprendizaje.
La verdad nos hace libres y poderosos.
La fe y la oración mueven montañas.
Jesucristo es la verdad y la vida.

Gracias a la vida
que me ha dado tanto
me ha dado dos luceros
que cuando los abro
con ellos distingo…».   (Joan Báez)

«No, no, no nos moverán
no, no, no nos moverán…».   (Joan Báez)

La paz es la meta…
y hay que esperar con PACIENCIA.

«Estás frustrada» Isabel

Desde que hace algún tiempo
la sentencia psiquiátrica
«estás frustrada»,
si no me sale todo
a «partir de boca»
mi frustración
es una constante.
Pero como sigo creyendo
en «no hay mal que por
bien no venga»
entonces, me refuerzo y lucho
después de la frustración
y del decaimiento.
Porque hay que levantarse
y yo, por ahora,
me refuerzo mucho
en mis pensamientos.

Yo sigo

Y sigo apostando x la democracia
parlamentaria sin exclusión de nadie
de los votados.
Sigo apostando x el bien común y no
por particularismos sectarios.
Sigo apostando x la justicia democrática
y sus seguidores.
Sigo apostando x todos, para todos los
más débiles y desprovistos de sus derechos.
Sigo apostando x el pluralismo de las
confesiones religiosas y los partidos políticos.
Sigo apostando x la igualdad de todos
y todas ante la ley y la concordia.
Sigo apostando x la negación de los
más fuertes ante los débiles.
Sigo apostando x la paz entre todos y
todas y no la nefasta crispación política.

¿Por qué, Dios mío?

¿Por qué la maldad asola nuestros corazones cuando lo único que queremos es el Bien?
¿Por qué permites que campe a sus anchas el malvado Lucifer?
¿Por qué pedimos algo tan evidente como la Paz y todavía hay guerras?
¿Por qué no se resuelve favorablemente casi nada?
¿Por qué, Dios mío, no hay verdadera libertad y conciencia social en el mundo?
¿Por qué no nos matas para no ver tanta injusticia?
¿Tiene sentido tanto sufrimiento?

Resistiré

«Dios aprieta, pero no ahoga»
(Prueba de Dios) Oración

¿Cómo Dios nos hace merecer su felicidad y su gloria?
¿Cómo resistir al Maligno?
¿Cómo no volver a empezar de nuevo?
¿Cómo no claudicar y darlo todo x perdido?
¿Cómo renunciar una y tantas veces a las tentaciones del enemigo y pedir a Dios cuando caiga, levantarme?
Dios me da la Paz y el Amor que me prometió Yolanda en su muerte.
Dios me da la esperanza de un día y un mundo mejor.
Dios me da la sabiduría para discernir entre el bien y el mal y no caer en las garras del astuto Satán.

Gracias, Dios.
Te pido Fuerza y Poder.

Afirmaciones

Necesito renacer del fango.
Necesito que me amen de verdad.
Necesito alegría, paz y amor.
Necesito estar cuerda.
Necesito tranquilidad.
Necesito buenos alimentos.
Necesito cambios para bien.
Necesito salir de esta «madriguera».
Necesito sentirme viva.
Necesito que se me entienda.
Necesito no tener zozobra.
Necesito que me dejen amar.
Necesito que me ayuden, pronto.
Necesito otro mundo mejor.
Necesito dejarlo todo atado.

Ansio

Ya no hay nada que temer,
quiero que me digas mañana.
Ya no hay nada que me entristezca
quiero que me digas mañana.
Ya no hay nada para ser indigna
quiero que me digas mañana.
Ya no hay nada por lo que ser envidiada y odiada,
quiero que me digas mañana.
Ya no hay nada por lo que me haga desconfiar de todo y todos,
quiero que me digas mañana.
Ya no hay nada que me recuerde el patriarcado y los errores del
pasado.
Quiero que me digas mañana.

Cita literaria. *Cuentos herejes*. El Pre-Texto

«El Señor del cielo creó primero este mundo y luego los treinta y seis dioses de los cuales el mes destacado de todos fue Lucifer» (…). «Mientras sufrió el castigo eterno, su alma se convirtió en el Diablo, que ha estado vagando x el mundo impidiendo que las personas practiquen el bien». Pág 79.

La existencia del Diablo y su «trabajo» en la Tierra es evidente, no se puede negar esta evidencia porque no se entiende este Kaos, de toda su existencia, a través de la Historia y porque hay testimonios.

Faltas – Errores

Comprendemos el apego.
Comprendemos el egoísmo.
Comprendemos las desigualdades.
Comprendemos la negatividad.
Comprendemos la competitividad.
Comprendemos el desorden.
Comprendemos la avidez
Comprendemos la avaricia.
Comprendemos la ignorancia.
Comprendemos la prepotencia.
Comprendemos… etc.
Todos son errores de nuestra cultura x ignorancia y mala fe.
Pero no comprendemos la falta de AMOR verdadero que se nos
da ya, desde nuestro nacimiento.

Solidaridad

Yo soy egoísta
no pienso más
que, en mi dolor,
sin pensar en dolores
de otros/as.
Pero cuando
me azuzan
me duele tanto, tanto
que no pienso
más que en mi dolor.
Voy a solidarizarme
con todos los que sufren
más que yo.
¡Ánimo, hermanos/as!
Vamos a conseguir
otro mundo mejor
con ayuda y solidaridad.

Lo imposible

Me propuse algo para mí imposible y lo he conseguido. ¡Albricias!

Hoy estoy feliz de haber conseguido lo que creía imposible, aunque no era difícil, lo he conseguido. ¡Albricias!

Yo creo que lo imposible es posible (para Dios no hay imposibles).

Este episodio me ha devuelto la confianza en mi misma después del trauma en anterior ocasión, y doy las gracias a quienes me han ayudado porque he sentido que no estoy del todo sola.

Gracias.

La depre

Hoy 15-7-2025 tenía un momento «depre», he cagado y se me ha ido.

¡Loado sea Dios!

Todo se resuelve cumpliendo satisfactoriamente nuestras funciones vitales normales.

Cuando hay carencias, nuestro cuerpo nos avisa.

Me ayudan también otras cosas como la música, ejercicio físico, baños de Sol, etc., así como no tomar sustancias tóxicas, nocivas o tener hábitos nocivos.

El duelo x Yolanda lo subsané practicando yoga (6 años) así como procuré tener vida saludable.

Así soy...

Gracias

Muchas gracias. Muy agradecida.
No es lícito quejarme. No me quejo.
Me quiero querer. Me quiero cuidar.
La soledad deseada es creativa, la soledad no deseada no existe.
Lo mejor está por venir. Créelo.
Confía y todo se te dará. Créelo.
Abre los ojos y verás lo que hay: un mundo fantástico te está esperando.
No hagas caso a los agoreros malos.
Siente tu cuerpo. Escucha tu mente.
Calma tu cuerpo. Calma tu mente.
No vuelvas al pasado. Este no existe.
Coge lo que te aporta. Lo demás.
Muchas gracias. Muy agradecida.
De agradecida es bien nacida.

¿No?

Otro mundo

Tengo el corazón contento
lleno de alegría
desde aquel momento
que te conocí
y le pido a Dios
que no me falle nunca.
Yo quisiera que sepas
que nunca fue así
que mi vida comienza
desde que te conocí.
Es como el Sol de la
mañana
que entra x mi ventana.
Mi mundo es otro
felizmente, es otro.

Los pilares

La fe es el bálsamo de la verdadera vida.
La fe mueve montañas.
La fe es ver sin ver.
La esperanza es confiar en la sabiduría eterna.
La esperanza es la guía para la eternidad.
La caridad es el amor a la humanidad.
La caridad es el amor a todo lo creado.
La caridad es la misericordia a nuestro prójimo.

No aguanto

¿Me quedan arrestos? Creía que sí, pero...
Estoy harta de lo que me está pasando, en vez de estar tranquila,
no lo estoy.
Estoy en crisis. Tengo 78 años.
Lo achaco a gente sin escrúpulos que me quieren hacer la vida
imposible.
Estoy en crisis. Tengo 78 años.
Me gustaría que me ayudaran, pero no encuentro a nadie adecuado.
Estoy en crisis. Tengo 78 años.
Me siento «De lo peor». ¿quiénes entran en mi mente?
Estoy en crisis. Tengo 78 años.
A veces estoy muy depresiva, otras veces me cuesta resolver cosas,
otras, me siento sola, son cosas que ya experimenté anteriormente.
Pero, ahora, estoy en crisis. Tengo 78 años.

La devastación

Dijo Chesterton que el capitalismo no es tan solo una forma de organizarse económicamente, si no, sobre todo, un proyecto de devastación antropológica.

Para Chesterton si la humanidad no se hubiera organizado en familias, no había sido posible organizarse en naciones.

Y para Rabindranath Tagore en su obra *Nacionalismo*. La peor forma de esclavitud es la falta de esperanza que encadena a los hombres a la pérdida de fe en sí mismos.

Chiss... *Silence*

Entre Pinto y Valdemoro estoy.

Claro, todavía vivo en el mundo y no claudico de los dos.

Pero cada vez me parecen más insulsas las voces de uno de los dos o quizá de los dos y tengo que claudicar, a mi pesar.

Porque no poseo una claridad mental suficientemente potente para pasar el rato en mi soledad consentida o no, y aunque me aburra me gusta más que oír o ver tonterías que me aburren más todavía.

Por eso, con resignación, paso las horas en mi habitación chiss...

Tiempos nuevos

¡Vamos, a levantarse!

Hay que gozar, no somos siervos, somos a imagen y semejanza del Altísimo, su igual.

Él quiere que busquemos la verdadera satisfacción en Él.

Este es el principio de la nueva vida que Él quiere ahora; que rompamos con el pasado, que ya no sirve para nuestro siglo XXI.

Pongámonos las pilas o todo se irá al traste.

Amar a Dios como Él nos ama y gozar con Él, eso es lo que toca.

¡Levantémonos, vamos!

El regreso

Santo es el que viene,
te esperamos con alegría
te glorificamos con ardor
y te alabarán todos los bendecidos
y todo el cielo se abrirá.
En tu nombre viene la gloria
por segunda vez
y lo que sentimos
es mejor y duradero.
Bendecimos y te adoramos
con nuestro amor
incondicional y perfecto.
Gracias por tu regreso.
Ven pronto, no te demores más.

Sin condiciones

Si tú me amas
y yo te amo,
¿dónde está el poder?
No tenemos más que
amarnos sin cortapisas,
sin trabas y sin miedos
con holgura y sin razón,
¿qué perdemos si no?
Todo, lo perdemos todo,
Amor.
Y...
¿dónde está el poder?

Resignación

Todo lo doy
todo lo vendo
sin macha,
sin nombre,
por un poco de juventud
porque estoy aprendiendo
el difícil arte
de la senectud.
No volvamos al pasado
él no tiene presente
y yo añoro otras épocas,
otros lugares,
sin pensar en que estos,
no forman mi realidad
ni mi porvenir,
ahora.

Aprendiendo a morir

Nadie nos lo ha enseñado
y requiere su aprendizaje.
Lo primero es el desprendimiento
de todo lo material
incluso de nuestro cuerpo.
Desprendimiento de sueños y lugares.
Desprendimiento de los bienes acumulados
pues no serán necesarios
y así, desprendiéndonos,
volveremos al origen,
a la naturaleza
de nuestro verdadero
patrimonio: el Alma.
Sin el apego viviremos más felices pues lo que tenemos no nos
servirá después.

Ahora bien

La hora de nuestra muerte
es un misterio.
No puedo, por tanto
desprenderme
de lo que poseo, ¡ya!
Seguiré, por tanto, cuidándolo
con desprendimiento, pues
no sé si lo necesitaré.
Quiero, no obstante,
alcanzar la gracia.
Me encomendaré
a la Virgen María
y con ella nada temeré.

¿Qué queréis?

Yo no quiero lo mismo que tú.
Yo quiero el amor y la paz en el mundo. De verdad.
Todos y todas lo aceptáis como un bien, pero no todos/as os atrevéis a violentar porque la violencia engendra más violencia, y lo sabéis.
Nuestro Dios-hombre, Jesús, que x amarnos infinitamente murió violentamente y también resucitó, cambiando el paradigma de la muerte humana.
Dios en su infinita misericordia también nos redimirá si se lo pedimos con Fe y Amor.
　　　Amén.

Democracia sí o sí

Estoy muy enfadada. La democracia está en juego, ¿habrá un movimiento que quisiera otra vez introducirnos en el fascismo después de los 40 años de dictadura?

Los demócratas de siempre se han dormido en los laureles y han pasado página, las instituciones democráticas se tambalean.

A mí, que no tengo ninguna ambición política, pero sí memoria histórica, me gustaría que la democracia avanzara en vez de retroceder.

Por favor, ¡que no nos manipulen más los políticos!

¡Queremos transparencia, no ralentización!

La bilirrubina

Hoy vuelvo a tener juventud
pero sufro, porque no la tengo.
Hoy tengo añoranza
de un varón
no sé lo que me pasa
me espiritualizo,
pero hoy no.
Hoy creo que no sirvo
para no pensar en el sexo.
Hoy renazco
y, sin embargo,
no tengo escrúpulos
ni remordimientos
me siento liberada
y feliz.
Hoy vuelvo a nacer.

Esperanza 2025

Gracias, Dios, porque cuando estoy abatida se me da la solución a mis cuitas y pesares. Gracias porque eres generoso y aunque nos parezca difícil el camino tú nos proteges para que encontremos la salida.

Gracias porque nos des la manera de glorificarte ante tus pruebas para que nos demos cuenta de donde está la Verdad y no caigamos en la tentación que nos hace esclavos del demonio.

Y, aunque caigamos en ese error, gracias, Dios mío, por apartarnos de él a tiempo, y nos demos cuenta de tu bondad.

En el día a día

Yo, que no soy más que una mota en medio del universo, tengo dudas y desasosiegos porque estoy desamparada, desarraigada y no merezco nada.

Por eso, apelo a vuestra bondad para que me ayudes en mis tribulaciones para poder salir de esta «impasse» actual.

Gracias porque me has dado más de lo que pido y tengo la certeza que me darás mucho más si sigo por este camino.

Y me olvidaré del maligno enemigo. Así será.

¿Qué me pasa?

De 2 a 7 de la tarde, estoy viviendo un verdadero infierno mental.

Tengo depresión, tengo ansiedad, ¿qué me pasa?

Todas las tardes igual.

La Virgen me está ayudando y le doy las gracias por ello.

Toda mi supuesta fortaleza se transforma en debilidad, ¿son mis horas bajas o qué será?

Pero no me dejo avasallar puesto que creo que no actuo mal y tengo mis razones.

Si no actuara así no estaría conforme puesto que me lo pide mi Ser.

¡Vamos, Isabel! No eres vulnerable.

¿Qué más valoras?

Cuando me preguntaron qué es lo que más valoras. Mi respuesta fue NADA y fue real. Pero, ¿qué es lo más valioso? Respondo, Dios, como un tesoro en mí.

Para, Dios, no lo veo, no lo toco, no lo escucho, y, sin embargo, es lo más valioso que tengo.

Llamemos eso la fe y no sabemos dónde está, pero es el TODO.

Lo que «veo» es mi cuerpo que lo toco y algo más, pero eso no me hace feliz, pues eso es nada.

Dios me dio la inteligencia para pensar así y no por correspondencia de otros y otras.

Tengo también mis «sensaciones» que me lo confirman.

Mi rareza

Me dicen que a mi edad
no estoy tan mal.
No obstante,
no es milagroso ni brujeril.
Primero, Dios lo quiere así.
Segundo, todos y todas se me
comparan (no hay igualdad).
Tercero, mi fuerza es heredada
(mi padre andaba, no cogía el transporte, en su vejez).
Cuarto, muchos, incluidos
los animales, tienen instinto
de supervivencia desarrollada.
Quinto, no «aprendo a envejecer»
si no todo lo contrario.
Y no «me como el mundo».

Haz el amor

Cuando acometes un acto de amor incondicional como es el PER-DÓN estás siguiendo al mismo Jesucristo en el calvario.

Y no basta con un perdón parcial, con solo confesarlo, si no que se interioriza un perdón total a todos y todas que te han odiado dañándote en los más profundo de tu ser.

Solo así se experimenta una liberación de la culpa del «ojo x ojo» que tanto daño nos ha causado y todavía nos causa en forma de guerras y demás conflictos.

Deseo que se acometa en mí y en nuestra cultura, «Haz el amor y no la guerra», y no solo sea un antiguo dicho.

Deseo en el 2025

Solo le pido a Dios
que Él me lleve donde está Darío,
no puedo soportar
esta cabeza en estos años.
Ya no vivo más que para amarle
 y añorar a mi esposo y mi hija,
los llamados x mí
«mis dos amores».
Solo le pido a Dios
que no tenga un futuro
en esta vida odiosa.
Y que si no quiero matarme
que Él me mate.

(Muero x que no muero)

¿Por qué?

Y, ¿si Dios no existiera?
porque pido, pido y pido
y no se inmuta
sufro, sufro y sufro
y no se inmuta,
¿qué más quiere que haga?
No puedo más, estoy exhausta.
¿No hago lo que a Él le agrada?
Oh, Dios, aquí estoy
mírame, escúchame,
respóndeme y ten misericordia.
Mándame una señal
de que existes y existo.
            ¡Algo!

Una voz

Suelta, Isabel.
Basta de apegos,
aquí no vas
a encontrar
más que tu perdición
y tú no la quieres.
¿Verdad?
Por eso, basta,
Basta, así empieza
la locura y el hastio,
y tú no lo quieres.
¿Verdad?
Por eso, basta.
Basta, renuévate
y renace.
Sé tú misma,
Isabel.

A vueltas

Andé x mil caminos,
besé miles de bocas
canté mis experiencias,
las buenas y las malas
de mi carrera existencial.
Y todo, todo, lo aprendí
de unos/as y de mí misma,
y no me puedo quejar,
pues el resultado
ha sido y es,
digno de una mujer
en desarrollo,
en un mundo de hombres,
de vida fácil
y de locura mayúscula.
Por eso, y por lo demás
no me puedo quejar.

Querría

Ser indiferente
a lo que pasa.
Querría
no tomar partido
x causas que
ni me van ni me vienen.
Querría
estar tranquila
y relajada.
Querría
disfrutar.
Pero mi compromiso
es xq todavía
y, no obstante,
AMO, te AMO.

Contemplé tanto - Kavafis

Contemplé tanto la belleza,
que mi visión le pertenece.
Líneas del cuerpo. Labios rojos.
Sensuales miembros.
Cabellos como copiados de las
estatuas griegas;
hermosos siempre, X despeinados,
y caídos apenas, sobre las
blancas sienes.
Rostros del amor, tal como los
deseaba.
Mi poesía… en mis noches
juveniles,
en mis noches ocultas,
encontradas…

Homenajes – Dámaso Pacheco y Enrique Moya Casals

A mis queridos y grandes abuelos.

A ti, abuelito Dámaso, por tu sencillez, por tus hermosos ojos azules, por tu emanación de bondad, por tu docencia infantil en un pueblo maravilloso de los Campos de Castilla, Vinuesa (Soria) y por tu regalo de ancas de rana, pescadas x ti. Gracias, querido abuelito.

A ti, abuelito Enrique, tú eras y eres el ilustre caballero y autodidacta (militar y académico de la Real Academia de BBAA de Valencia). Tu amor me demostraste en tu consuelo (cuando nadie lo hizo) de mi infancia, en un bochorno mayúsculo que pasé y siempre recordaré.

GRACIAS, A LOS DOS.

Selección Bibliografía

-Darío Fernández-Florez, *Lola, espejo oscuro.*
-Isabel D. Pacheco Moya, *La vida hay que saber vivirla.*
-Thomas Mann, *La muerte en Venecia.*
-F. Aramburu, *Hombre caído.*
-J. de Sant Jordi, Ausiás March, J. Roís de Corella, *Tres poetes valencians del Segle d'Or.*
-J. J. Rousseau, *Sueños del paseante solitario.*
-M. Benedetti, *El césped.*
-Frank Kafka, *La metamorfosis.*
-Konstantínos Kaváfis, *Poemas.*
-Espido Freire, *Irlanda.*
-Edición de Arturo Ramoneda, *Antología poética de la Generación del 27.*
-Ryûnoseke Akutagawa, *El Dragón Rashômon y otros cuentos.*
-Rabindranath Tagore, *Nacionalismo.*

Ráfagas 2025 se terminó de imprimir en Madrid en el mes de marzo del año 2026